Impressum
Verlag: BABADADA GmbH, Nedderfeld 112 , 22529 Hamburg
Geschäftsführer / Verlagsleitung: Harald Hof
Druck: Books on Demand GmbH, In de Tarpen 42, 22848 Norderstedt

Imprint
Publisher: BABADADA GmbH, Nedderfeld 112 , 22529 Hamburg, Germany
Managing Director / Publishing direction: Harald Hof
Print: Books on Demand GmbH, In de Tarpen 42, 22848 Norderstedt, Germany

学校

اسکول

教室
کمرہ جماعت
割り算
تقسیم کریں
186/2
黒板
بورڈ
教師
اُستاد
سکول کا صحن
紙
کاغذ
書く
لکھنا
ペン
قلم
事務机
میز
定規
پیمانہ
本
کتاب
生徒
شاگرد

ランドセル

بستہ

筆入れ

پینسل کیس

鉛筆

پینسل

鉛筆削り

پینسل شارپنر

消しゴム

ربڑ

スケッチブック

ڈرائنگ پیڈ

スケッチ

ڈرائنگ

絵筆

پینٹ برش

絵の具箱

پینٹ باکس

はさみ

قینچی

接着剤

گوند

練習帳

مشق کی کاپی

宿題

ہوم ورک

12

数

ہندسہ

2+2

足し算

جمع کریں

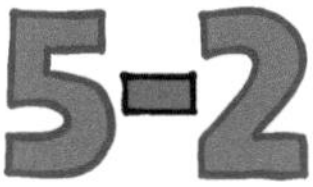

5-2

引き算

منفی کریں

かけ算

ضرب دیں

計算する

شمارکریں

A

文字

خط

ABCDEFG
HIJKLMN
OPQRSTU
VWXYZ

アルファベット

حروف تہجی

hello

単語

لفظ

テキスト

متن

読む

پڑھنا

チョーク

چاک

授業

سبق

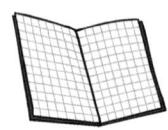

学級日誌

اندراج

試験

امتحان

通知表

سند

制服

سکول یونیفارم

教育

تعلیم

百科事典

انسائیکلوپیڈیا

大学

یونیورسٹی

顕微鏡

خورد بین

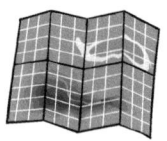

地図

نقشہ

ごみ箱

ویسٹ پیپرباسکٹ

ホテル
ہوٹل

Grand

ホステル
ہاسٹل

ROOMS

両替所
رقم تبدیل کرانے کیلئے دفتر

EXCHANGE

スーツケース
سوٹ کیس

自動車
کار

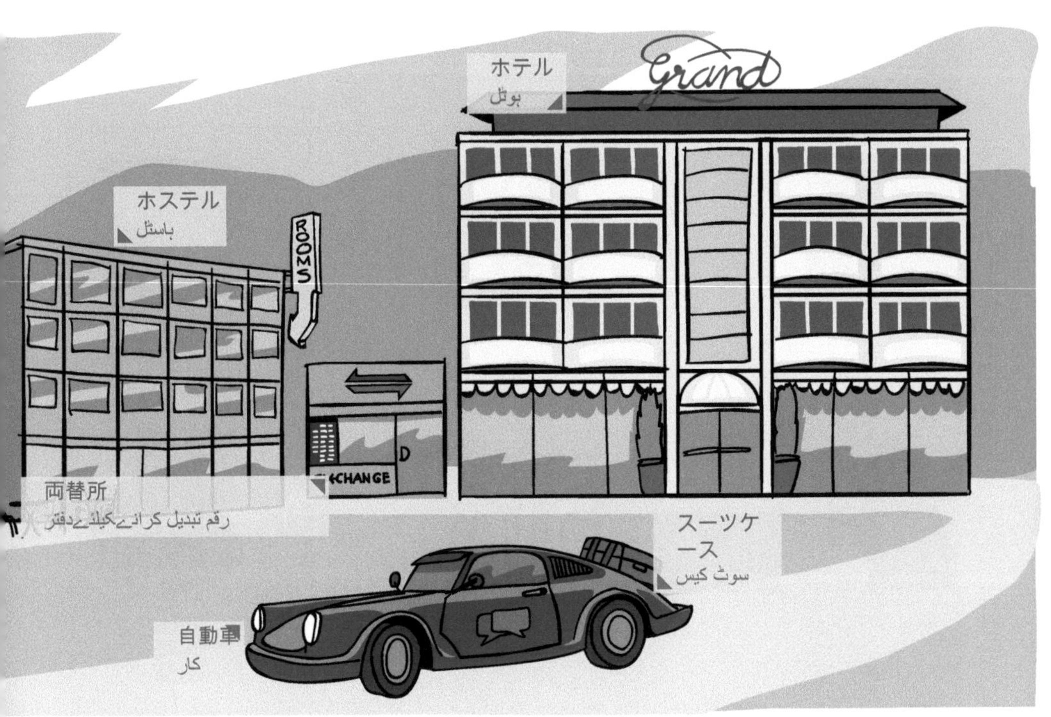

言語

زبان

はい / いいえ

ہاں / نہیں

問題ない

ٹھیک ہے

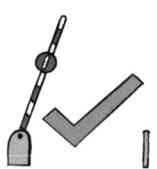

ハロー

ہیلو

翻訳者

مُترجم

ありがとう

شُکریہ

…はいくらですか？

‬‏؟ــــ کی کیا قیمت ہے

わかりません

میں نہیں سمجھتا

問題

مشکل

こんばんは！

！شام بخیر

おはようございます！

！صبح بخیر

おやすみなさい！

！شب بخیر

さようなら

الوداع

方向

سمت

手荷物

سفری سامان

バッグ

بیگ

リュックサック

بیگ پیک

お客様

مہمان

部屋

کمرہ

寝袋

سلیپنگ بیگ

テント

ٹینٹ

旅行者情報

سیاحوں کے لئے معلومات

ビーチ

ساحل

クレジットカード

کریڈٹ کارڈ

朝食

ناشتہ

昼食

لنچ

夕食

ڈنر

チケット

ٹکٹ

エレベーター

لفٹ

スタンプ

مُہر

境界

سرحد

税関

کسٹمز

大使館

سفارت خانہ

ビザ

ویزا

パスポート

پاسپورٹ

輸送
نقل وحمل

飛行機
ہوائی جہاز
船
سمندری جہاز
消防車
آگ بُجھانےوالی گاڑی
バス
بس
トラック
ٹرک
モーターボート
موٹربوٹ
自動車
کار
自転車
سائیکل

フェリー

فیری

ボート

کشتی

バイク

موٹرسائیکل

パトカー

پولیس کار

レーシングカー

ریسنگ کار

レンタカー

کرایہ پرکار

カーシェアリング

کار کا اشتراک کرنا

レッカー車

کھینچنے والا ٹرک

ごみ収集車

کوڑے والا ٹرک

モーター

کار

燃料

ایندھن

ガソリンスタンド

پٹرول اسٹیشن

交通標識

ٹریفک کے نشانات

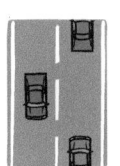

交通

ٹریفک

渋滞

ٹریفک جام

駐車場

کارپارک

駅

ٹرین اسٹیشن

道

پٹڑیاں

列車

ٹرین

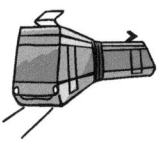

路面電車

ٹرام

車両

ویگن

ヘリコプター

ہیلی کاپٹر

空港

ائرپورٹ

タワー

ٹاور

乗客

مسافر

コンテナ

کنٹینر

段ボール箱

ڈبہ

カート

ریڑھا

カゴ

ٹوکری

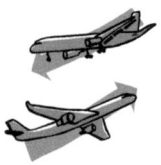

離陸 / 着陸

اُڑان بھرنا / زمین پراُترنا

都市

شہر

村

گاؤں

都心

سٹی سنٹر

家

مکان

映画館
سنیما

宣伝
اشتہار

街灯
اسٹریٹ لیمپ

CINEMA

通り
گلی

タクシー
ٹیکسی

歩行者
پیدل چلنے والا

キオスク
اسنیک شاپ

舗道
پُختہ راستہ

交差点
پارک کرنے کی جگہ

横断歩道
زیبرا کراسنگ

ゴミ箱
بن

信号
ٹریفک لائٹس

小屋
ہٹ

アパート
فلیٹ

駅
ٹرین اسٹیشن

市役所
ٹاؤن ہال

美術館
عجائب گھر

学校
اسکول

大学

یونیورسٹی

銀行

بینک

病院

ہسپتال

ホテル

ہوٹل

薬局

فارمیسی

オフィス

دفتر

書店

کتابوں کی دکان

ショップ

دکان

花屋

پھولوں کی دُکان

スーパーマーケット

سُپرمارکیٹ

市場

مارکیٹ

デパート

ڈیپارٹمنٹ سٹور

魚屋

مچھلی کی دُکان

ショッピングセンター

شاپنگ سنٹر

港

بندرگاہ

都市 - شہر

公園

پارک

ベンチ

بنچ

橋

پُل

階段

سیڑھیاں

地下鉄

انڈرگراؤنڈ

トンネル

سرُنگ

バス停

بس اسٹاپ

バー

شراب خانہ

レストラン

ریسٹورنٹ

ポスト

پوسٹ باکس

道路標識

اسٹریٹ سائن

パーキングメーター

پارکنگ میٹر

動物園

چڑیا گھر

スイミングプール

سوئمنگ پول

モスク

مسجد

農場
کھیت

汚染
آلودگی

墓地
قبرستان

教会
چرچ

遊び場
کھیل کا میدان

寺
مندر

風景
منظر

葉
پتہ
道標
رہنمائی کے لئے لگا ہوا بورڈ
道
راستہ
草地
سبزہ زار
石
پتھر
ハイカー
پیدل چلنے والا، ہائکر
木
درخت
川
دریا
草
گھاس
花
پھول

谷

وادی

山

پہاڑی

湖

جھیل

森

جنگل

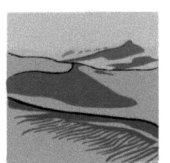

砂漠

صحرا

火山

آتش فشاں

城

قلعہ

虹

قوس قزح

キノコ

کھمبی

ヤシの木

کجھورکا درخت

蚊

مچھر

ハエ

مکھی

蟻

چیونٹی

ミツバチ

مکھی

クモ

مکڑا

カブトムシ

بھونرا

蛙

مینڈک

リス

گلہری

ハリネズミ

خارپُشت

ウサギ

خرگوش

フクロウ

اُلو

鳥

پرندہ

白鳥

راج ہنس

雄豚

سؤر

鹿

ہرن

ヘラジカ

امریکی بارہ سنگھا

ダム

ڈیم

風力タービン

ہوا سےچلنےوالی ٹربائین

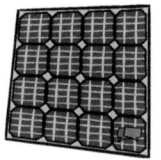

ソーラーパネル

سولرپینل

気候

آب وہوا

レストラン

ریسٹورنٹ

ウェイター
ویٹر
メニュー
مینیو
椅子
کُرسی
سوپ
ピザ
پیزا
刃物類
テーブルクロス
ٹیبل کلاتھ

前菜

استارٹر

メインコース

مین کورس

デザート

ڈیزرٹ

飲み物

مشروبات

食べ物

کھانےکی اشیاء

ボトル

بوتل

ファストフード

فاسٹ فوڈ

屋台の食べ物

اسٹریٹ فوڈ

ティーポット

چائےدانی

砂糖入れ

شوگرباکس

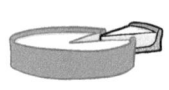

一人前

حصہ

エスプレッソマシン

ایسپریسو مشین

幼児用食事椅子

اونچی کُرسی

請求書

بل

トレー

ٹرے

ナイフ

چھُری

フォーク

کانٹا

スプーン

چمچ

ティースプーン

چائےکا چمچ

ナプキン

سرویئیٹی

グラス

شیشہ

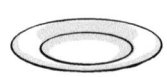

皿

پلیٹ

スープ皿

سوپ پلیٹ

受け皿

طشتری

ソース

چٹنی

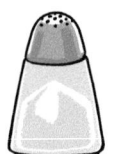

塩入れ

سالٹ شیکر

ペッパーミル

پیپرمل

酢

سرکہ

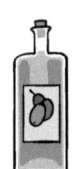

油

خوردنی تیل

スパイス

مصالحے

ケチャップ

کیچپ

マスタード

سرسوں

マヨネーズ

میئونیز

スーパーマーケット
سُپرمارکیٹ

特価品
خصوصی پیشکش
FOR
顧客
گاہک
乳製品
ڈیری
果物
پھل
ショッピング・カート
ٹرالی

BUTCHERS

肉屋

گوشت کی دُکان

BAKERY

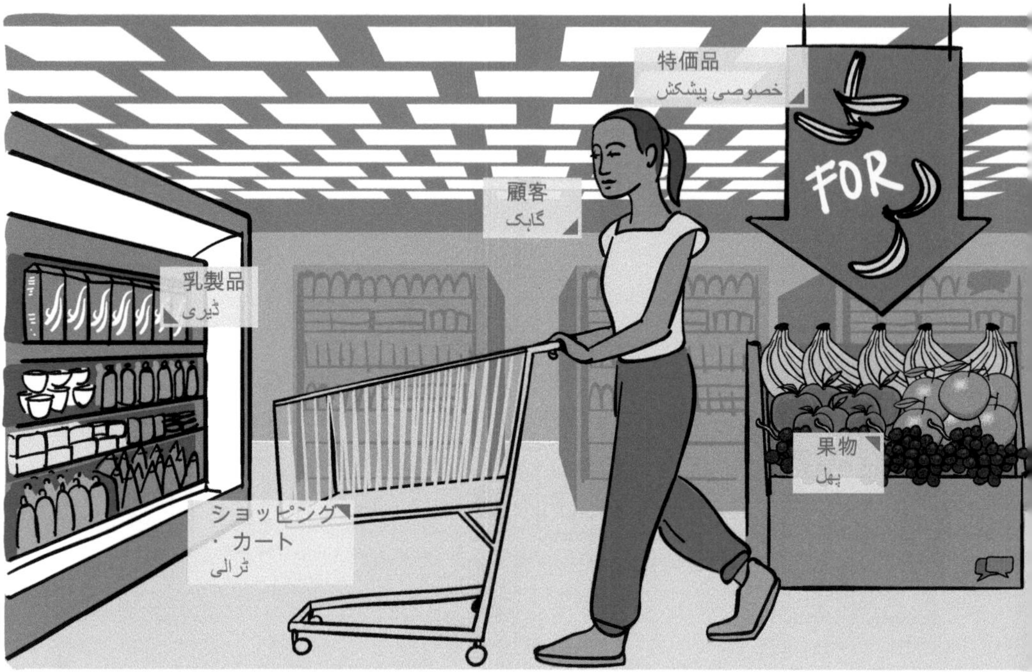

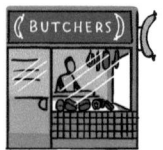

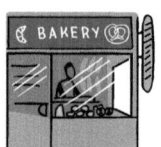

パン屋

بیکری

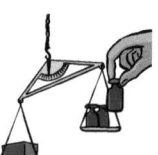

重さをはかる

وزن کرنا

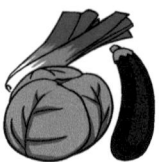

野菜

سبزیاں

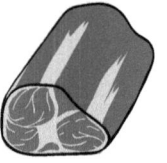

肉

گوشت

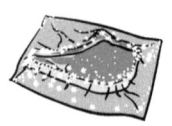

冷凍食品

جما ہوا کھانا

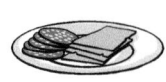

冷肉の薄切り

کولڈ کٹس

缶詰食品

ڈبےمیں بند کھانا

洗剤

واشنگ پاؤڈر

菓子

مٹھائیاں

家庭用品

گھریلو مصنوعات

清掃用品

صاف کرنےکیلئےمصنوعات

販売員

سیلزپرسن

現金箱

کیش رجسٹر

レジ係

کیشئیر

買い物リスト

خریداری کی فہرست

開館時刻

اوقات کار

財布

بٹوہ

クレジットカード

کریڈٹ کارڈ

バッグ

تھیلا

ポリ袋

پلاسٹک کےتھیلے

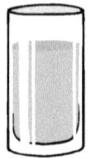

飲み物
مشروبات

水

پانی

ジュース

جوس، رس

牛乳

دودھ

コーラ

کوک

ワイン

وائن

ビール

بیئر

アルコール

الکوحل

ココア

کوکوآ

紅茶

چائے

コーヒー

کافی

エスプレッソ

ایسپریسو

カプチーノ

کیپاچینو

食べ物

کھانےکی اشیاء

バナナ

کیلا

リンゴ

سیب

オレンジ

مالٹا

メロン

خربوزہ

レモン

لیموں

ニンジン

گاجر

ニンニク

لہسن

竹

بانس

玉ねぎ

پیاز

キノコ

کھُمبی

ナッツ

اخروٹ، بادام وغیرہ

ヌードル

نوڈلز

スパゲッティ

اسپیگیٹی

米

چاول

サラダ

سلاد

フライドポテト

چپس

フライドポテト

تلےگئےآلو

ピザ

پیزا

ハンバーガー

ہیم برگر

サンドウィッチ

سینڈوچ

カツレツ

کٹلیٹ

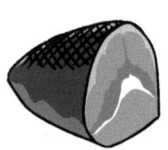

ハム

سؤرکی ران کا گوشت

サラミ

گوشت کی اطالوی ساسیج

ソーセージ

ساسیج

鶏肉

مُرغی

焼き

روسٹ

魚

مچھلی

麦のお粥

جئی کا دلیہ

ムーズリ

میوزلی

コーンフレーク

کارن فلیکس

小麦粉

آٹا

クロワッサン

کروئیسنٹ

ロールパン

بریڈ رول

パン

بریڈ

トースト

ٹوسٹ

ビスケット

بسکٹ

バター

مکھن

カッテージチーズ

دہی

ケーキ

کیک

卵

انڈا

目玉焼き

فرائی کیا گیا انڈہ

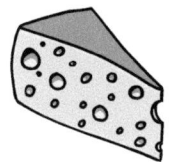

チーズ

پنیر

アイスクリーム

آئس کریم

砂糖

چینی

はちみつ

شہد

ジャム

جام

ヌガークリーム

ناؤگٹ کریم

カレー

سالن

食べ物 - کھانے کی اشیاء

農場
کھیت

فارم ہاؤس
納屋
کھلیان
ストローベール
تنکوں کی گانٹھ
畑
馬
گھوڑا
トレーラー
ٹریلر
トラクター
ٹریکٹر
子馬
گھوڑے کا بچہ
ロバ
گدھا
羊
بھیڑ
子羊
میمنہ

ヤギ

بکری

雌牛

گائے

子牛

بچھڑا

豚

سؤر

子豚

سؤر کا بچہ

雄牛

سانڈ

ガチョウ

راج ہنس

アヒル

بطخ

ひよこ

چوزہ

にわとり

مُرغی

おんどり

مُرغا

ネズミ

چوہا

猫

بلی

ねずみ

چوہا

雄牛

بیلچہ

犬

کُتا

犬小屋

کُتے کا گھر

散水ホース

گارڈن ہاؤس

じょうろ

پانی کا کین

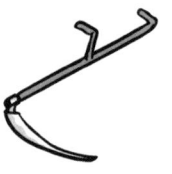

大鎌

درانتی

すき

ہل

草刈り鎌

درانتی

くわ

بیلچہ

堆肥用フォーク

ترنگل

斧

کلہاڑا

手押し車

ہتہ گاڑی

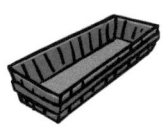

かいばおけ

حوض

牛乳缶

دودھ کا کین

袋

تھیلا

フェンス

باڑ

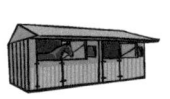

畜舎

اصطبل

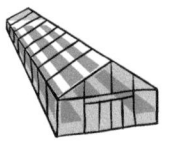

温室

گرین ہاؤس

土壌

مٹی

種

بیج

肥料

فرٹیلائیزر

コンバイン

کمبائن ہارویسٹر

収穫する

فصل کاٹنا

収穫

فصل کاٹنا

ヤマイモ

افریقی آلو

小麦

گندم

大豆

سویا

じゃがいも

آلو

トウモロコシ

مکئی

菜種

توریا کا تیل

果樹

پھلداردرخت

キャッサバ

کساوا

穀物

دلیہ

煙突
چمنی
屋根
چھت
排水管
نیچے جانے والا پائپ
窓
کھڑکی
車庫
گیراج
呼び鈴
دروازے کی گھنٹی
ドア
دروازہ
ゴミ箱
کوڑے کی ٹوکری
郵便受け
لیٹر باکس
庭
گارڈن

リビングルーム

لوونگ روم

浴室

غُسل خانہ

台所

باورچی خانہ

寝室

بیڈروم

子供部屋

بچوں کا کمرہ

ダイニング・ルーム

کھانے کا کمرہ

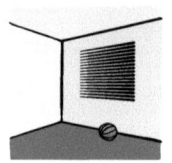

床

فرش

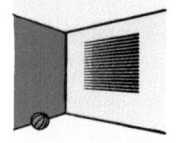

壁

دیوار

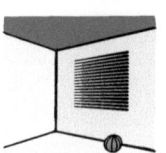

天井

چھت

地下貯蔵庫

تہ خانہ

サウナ

سوانا

バルコニー

بالکونی

テラス

ٹیریس

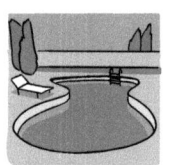

プール

پول

芝刈り機

گھاس کاٹنے کی مشین

シーツ

چادر

ベッドカバー

چادر

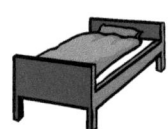

ベッド

بستر

ほうき

جھاڑو

バケツ

بالٹی

スイッチ

سوئچ

リビングルーム

لوونگ روم

壁紙
وال پیپر
絵
تصویر
لیمپ
棚
شیلف
食器棚
الماری
テレビ
ٹیلی ویژن
暖炉
آتش دان
花
پھول
クッション
گشن
ソファ
صوفہ
花瓶
گلدان
リモコン
ریموٹ کنٹرول

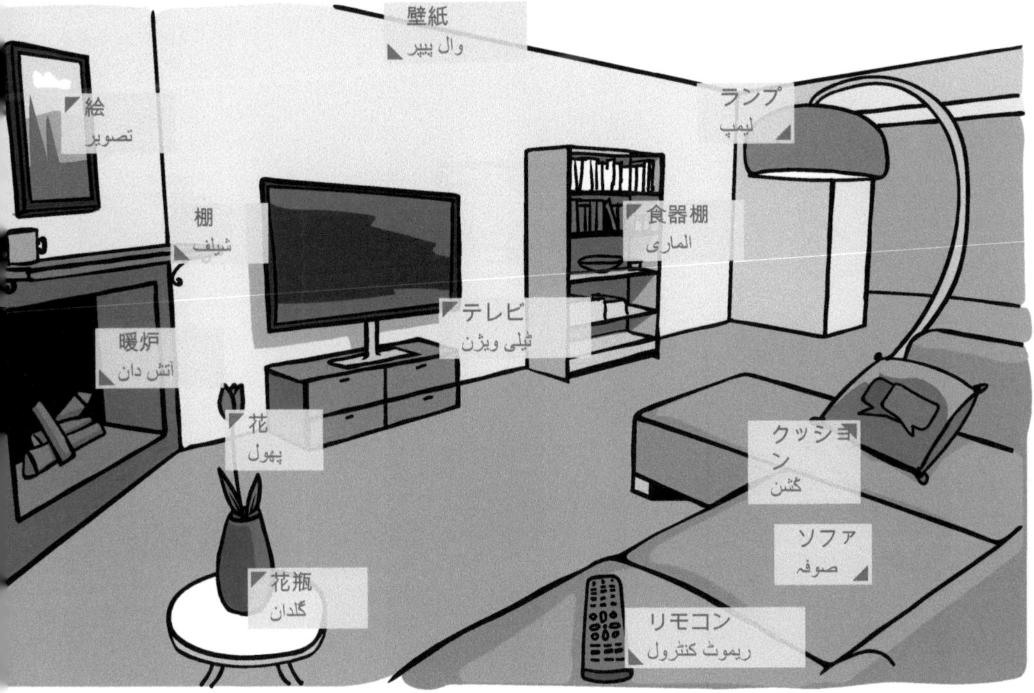

カーペット

قالین

カーテン

پردے

テーブル

میز

椅子

کُرسی

ロッキングチェア

ہلنےوالی کُرسی

ひじ掛け椅子

آرام کُرسی

本

کتاب

毛布

کمبل

飾り

آرائش

たきぎ

جلانےکی لکڑی

映画

فلم

ステレオ

ہائی فائی

鍵

چابی

新聞

اخبار

絵画

پینٹنگ

ポスター

پوسٹر

ラジオ

ریڈیو

メモ帳

نوٹ بُک

掃除機

ویکیوم کلینر

サボテン

کیکٹس

ろうそく

موم بتی

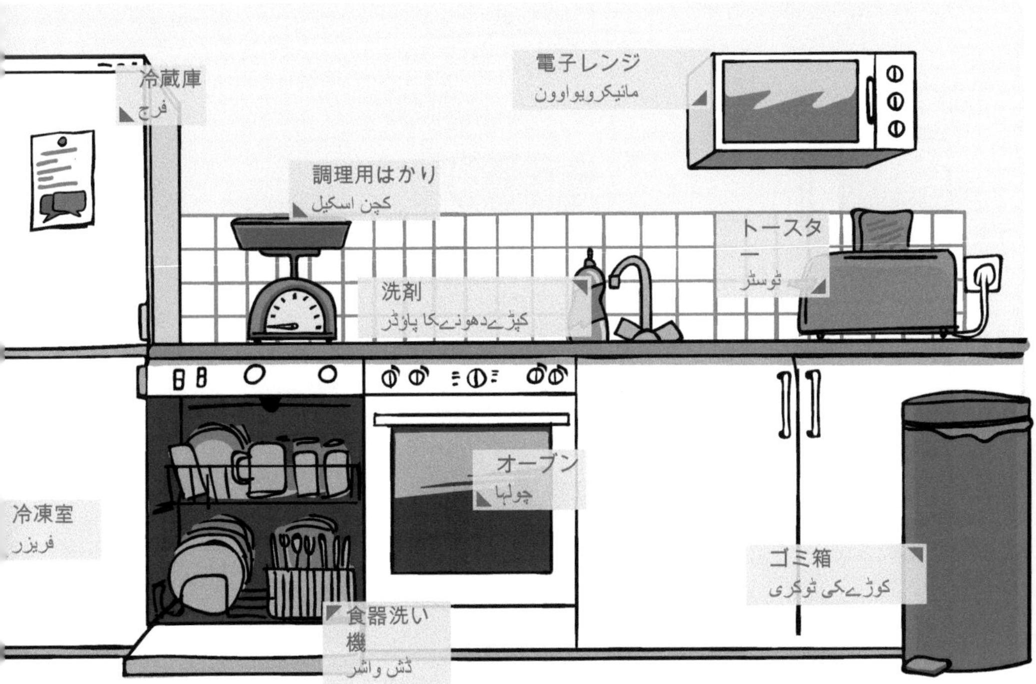

冷蔵庫
فرج
電子レンジ
مائیکروویواوون
調理用はかり
کچن اسکیل
トースター
ٹوسٹر
洗剤
کپڑے دھونے کا پاؤڈر
オーブン
چولہا
冷凍室
فریزر
ゴミ箱
کوڑے کی ٹوکری
食器洗い機
ڈش واشر

こんろ

ٹکر

鍋

برتن

鉄鍋

لوہے کا برتن

中華鍋/ カダイ鍋

کڑاہی

フライパン

برتن

やかん

کیتلی

蒸し器

استیمر

天板

بیکنگ ٹرے

食器

کراکری

マグカップ

مگ

ボウル

پیالہ

箸

چاپ اسٹکس

おたま

ڈوئی

へら

کفچہ

泡立て器

جھاڑودینا

こし器

مقطر

ふるい

چھلنی

すりおろし器

گریٹر

すり鉢

کونڈی

バーベキュー

باربی کیو

かまど

کھُلی آگ

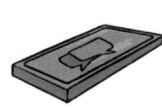

まな板

چاپنگ بورڈ

麺棒

بیلن

栓抜き

کارک اسکریو

缶

کین

缶切り

کین اوپنر

鍋つかみ

برتن پکڑنےوالا کپڑا

流し

سنک

ブラシ

برش

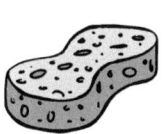

スポンジ

اسپونج

ミキサー

بلینڈر

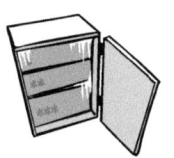

冷凍庫

ڈیپ فریز

哺乳瓶

بچےکی بوتل

蛇口

ٹونٹی

浴室

غُسل خانہ

ヒーター
ہیٹنگ
シャワー
شاور
タオル
تولیہ
シャワーカーテン
شاورکرٹن
泡風呂
ببل باتھ
باتھ ٹب
グラス
شیشہ
洗濯機
واشنگ مشین
蛇口
ٹونٹی
タイル
ٹائلیں
おまる
پاٹی
流し
سنک

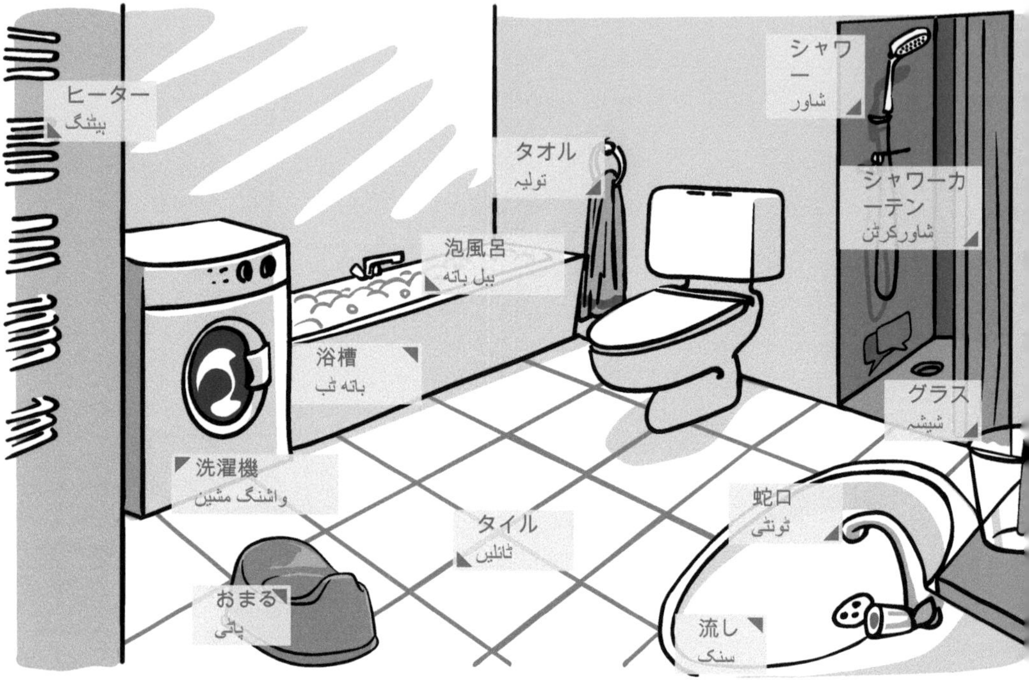

トイレ

ٹائلٹ

和式トイレ

دوزانوں بیٹھنےوالی ٹائلٹ

ビデ

نچلاحصہ دھونےکیلئےپاٹ

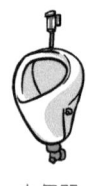

小便器

پیشاب گاہ

トイレットペーパー

ٹائلٹ پیپر

トイレブラシ

ٹائلٹ برش

歯ブラシ

ٹوتھ برش

歯みがき

ٹوتھ پیسٹ

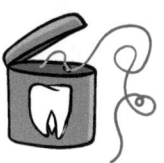

デンタルフロス

ڈینٹل فلاس

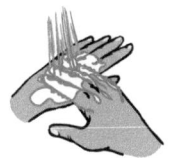

洗う

دھونا

シャワーヘッド

ہینڈ شاور

ハンドビデ

شاور

洗面台

بیسن

ボディブラシ

بیک برش

石鹸

صابن

シャワー用ジェル

شاورجل

シャンプー

شیمپو

浴用タオル

فلالین

排水口

ڈرین

クリーム

کریم

消臭

ڈیوڈورنٹ

鏡

آئینہ

手鏡

ہاتہ میں پکڑا جانےوالا آئینہ

かみそり

ریزر

シェービング・フォーム

شیونگ فوم

アフターシェーブローション

آفٹرشیو

櫛

کنگھی

ブラシ

برش

ドライヤー

ہیئرڈرائر

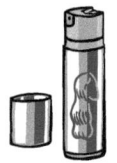

ヘアスプレー

ہیئراسپرے

化粧

میک اپ

口紅

لپ اسٹک

マニキュア

نیل وارنش

脱脂綿

روئی

爪切り

ناخن کاٹنےکی قینچی

香水

پرفیوم

洗面用具入れ

واش بیگ

スツール

پاخانہ

体重計

وزن کرنے کی مشین

バスローブ

باتھ روب

ゴム手袋

ربڑ کے دستانے

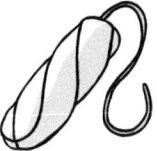

タンポン

ٹیمپون

生理用ナプキン

سینیٹری ٹاول

ケミカルトイレ

کیمیکل ٹائلٹ

子供部屋

بچوں کا کمرہ

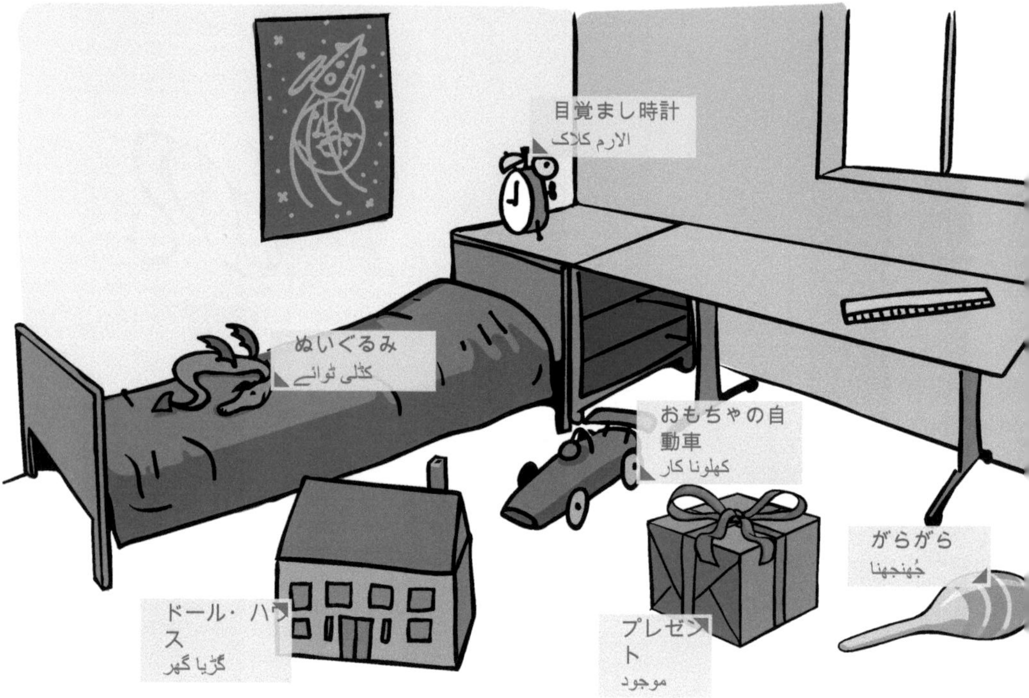

目覚まし時計
الارم کلاک
ぬいぐるみ
کڈلی ٹوائے
おもちゃの自動車
کھلونا کار
がらがら
جُھنجھنا
ドール・ハウス
گڑیا گھر
プレゼント
موجود

風船

غبارہ

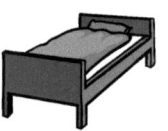

ベッド

بستر

ベビーカー

پرام

カードゲーム

ڈیک آف کارڈز

ジグソーパズル

جگسا

漫画

کامک

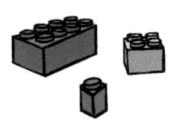

レゴ

لیگوبرکس

玩具ブロック

کھلونا بلاکس

アクションフィギュア

ایکشن فگر

ロンパース

بچےکا لباس

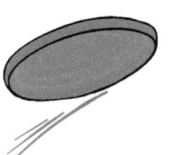

フリスビー

فرسبی

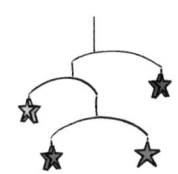

モバイル

کھلونا موبائل

ボードゲーム

بورڈ گیم

さいころ

ڈائس

鉄道模型

ماڈل ٹرین سیٹ

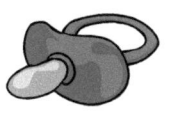

おしゃぶり

ڈمی

パーティー

پارٹی

絵本

تصاویروالی کتاب

ボール

گیند

人形

گڑیا

遊ぶ

کھیلنا

砂場
سینڈ پٹ

ブランコ
جھولا جھولنا

おもちゃ
کھلونے

ゲーム機
وڈیوگیم کنسول

三輪車
تین پہیوں والی سائیکل

テディベア
ٹیڈی بیئر

衣装ダンス
کپڑوں کی الماری

衣服

لباس

靴下
موزے

ストッキング
اسٹاکنگز

タイツ
ٹائٹس

スカーフ
اسکارف

雨傘
چھتری

Tシャツ
ٹی شرٹ

ベルト
بیلٹ

ブーツ
بوٹ

スリッパ
سلیپر

スニーカ
اسنیکرز

サンダル
....
سینڈل

靴
....
جوتے

ゴム長靴
....
ربڑ کے بوٹس

パンツ
....
زیرجامہ

ブラ
....
بریزنیر

ベスト
....
واسکٹ

衣服 - لباس

45

ボディースーツ

جسم

ズボン

پتلون

ジーンズ

جینز

スカート

اسکرٹ

ブラウス

بلاؤز

シャツ

قمیض

セーター

پُل اوور

パーカー

سویٹر

ブレザー

بلیزر

ジャケット

جیکٹ

コート

کوٹ

レインコート

رین کوٹ

服装

کوئی خاص لباس

ドレス

لباس

ウェディングドレス

شادی کا لباس

スーツ

سوٹ

ナイトガウン

نائٹ گاؤن

パジャマ

پائجامہ

サリー

ساڑھی

ヘッドスカーフ

سرپرلیا جانےوالا اسکارف

ターバン

پگڑی

ブルカ

بُرقع

カフタン

کفتان

アバヤ

عبایہ

水着

تیراکی کا سوٹ

トランクス

ٹرنک

半ズボン

نیکر

スウェットスーツ

ٹریک سوٹ

エプロン

اپرن

手袋

دستانے

ボタン
بٹن

メガネ
عینک

ブレスレット
کنگن

ネックレス
ہار

指輪
انگوٹھی

イヤリング
کانوں کی بالیاں

帽子
ٹوپی

ハンガー
کوٹ ہینگر

帽子
ہیٹ

ネクタイ
ٹائی

ファスナー
زپ

ヘルメット
ہیلمٹ

サスペンダー
بریسز

制服
سکول یونیفارم

ユニフォーム
وردی

よだれかけ
....
بِب

おしゃぶり
....
ڈمی

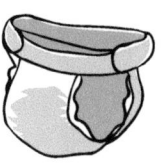

おむつ
....
نیپی

オフィス
دفتر

サーバ
سرور

書類キャビネット
فائلوں کی الماری

モニター
مانیٹر

プリンター
پرنٹر

紙
کاغذ

マウス
ماؤس

事務机
میز

フォルダー
فولڈر

キーボード
کی بورڈ

椅子
گرسی

ごみ箱
ویسٹ پیپر باسکٹ

コンピューター
کمپیوٹر

コーヒーマグ
کافی مگ

計算機
کیلکولیٹر

インターネット
انٹرنیٹ

ラップトップ

لیپ ٹاپ

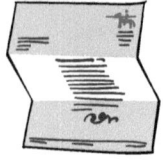

手紙

خط

メッセージ

پیغام

携帯電話

موبائل

ネットワーク

نیٹ ورک

コピー機

فوٹوکاپئیر

ソフトウェア

سافٹ ویئر

電話

ٹیلی فون

コンセント

پلگ ساکٹ

ファックス

فیکس مشین

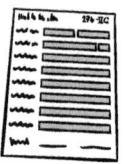

フォーム

فارم

書類

دستاویز

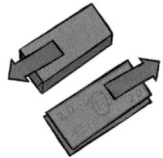

買う

خریدنا

支払う

ادائیگی کرنا

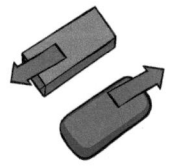

取引する

تجارت کرنا

お金

رقم

ドル

ڈالر

ユーロ

یورو

円

ین

ルーブル

روبل

スイスフラン

سوئس فرانک

人民元

رینمنیبی یوآن

ルピー

روپیہ

キャッシュポイント

کیش پوائنٹ

両替所

رقم تبدیل کرانے کیلئے دفتر

金

سونا

銀

چاندی

油

خام تیل

エネルギー

توانائی

価格

قیمت

契約

معاہدہ

税金

ٹیکس

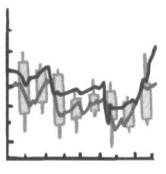

株

اسٹاک

働く

کام کرنا

従業員

ملازم

雇用主

آجر

工場

فیکٹری

ショップ

دکان

職業
پیشے

警察官
پولیس افسر
消防士
فائرمین
コック
خانساماں، کُک
医師
ڈاکٹر
パイロット
پائلٹ

庭師
مالی

大工
ترکھان

お針子
درزن

裁判官
جج

化学者
کیمسٹ

俳優
اداکار

バスの運転手

بس ڈرائیور

タクシー運転手

ٹیکسی ڈرائیور

漁師

مچھیرا

掃除婦

صفائی کرنےوالی عورت

屋根ふき職人

چھت بنانےوالا

ウェイター

ویٹر

ハンター

شکاری

塗装工

پینٹر

パン屋

بیکر

電気工

الیکٹریشین

建設作業員

بلڈر

エンジニア

انجینئیر

肉屋

قصائی

配管工

پلمبر

郵便配達人

ڈاکیا

軍人

سپاہی

建築家

آرکیٹیکٹ

レジ係

کیشیئر

花屋

پھول بیچنے والا

美容師

نائی

車掌

کنڈکٹر

機械工

مکینک

キャプテン

کپتان

歯科医

ڈینٹسٹ

科学者

سائنسدان

ラビ

یہودی عالم

イスラム導師

امام

修道士

راہب

牧師

پادری

道具

اوزار

ハンマー
ہتھوڑا
くぎ抜き
پلائرز
ドライバー
پیچ کس
スパナ
رینچ
懐中電灯
ٹارچ

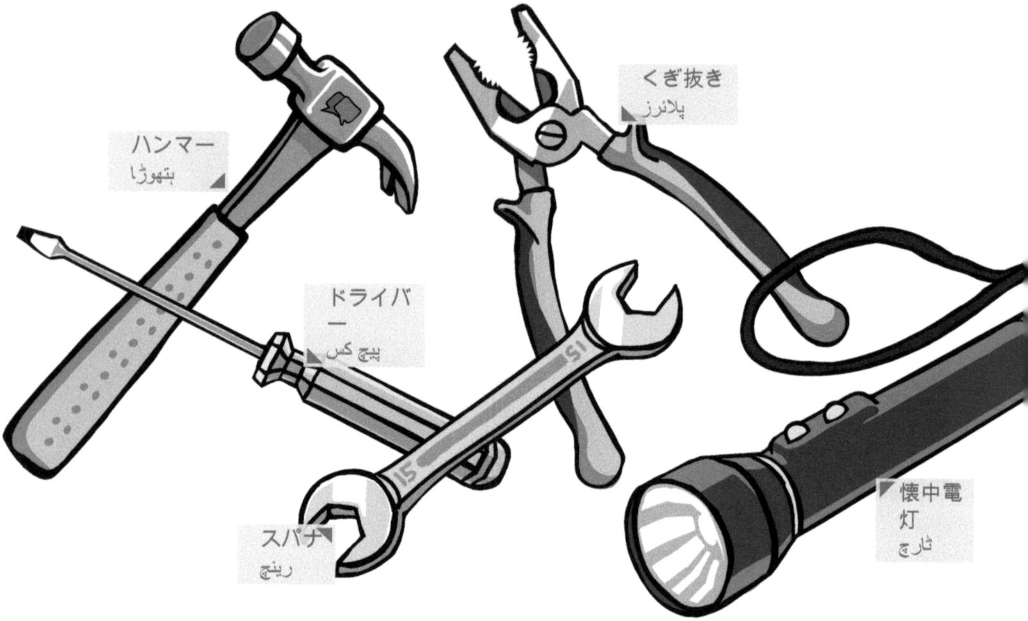

掘削機

ایکسکویٹر

道具箱

ٹول باکس

はしご

سیڑھی

のこぎり

آری

釘

کیل

ドリル

ڈرل

修理する

مرمت کرنا

シャベル

بیلچہ

クソ！

لعنت ہو!

ちりとり

ڈسٹ پین

ペンキ缶

پینٹ پاٹ

ネジ

پیچ

楽器

آلات موسیقی

スピーカー
لاؤڈ اسپیکر
打楽器
ڈرم سیٹ
ギター
گٹار
コントラバス
ڈبل باس
トランペット
بگل

ピアノ

پیانو

バイオリン

وائلن

バス

موسیقی کی آواز

ティンパニ

ٹمپانی

ドラム

ڈھول، ڈرمز

キーボード

کی بورڈ

サックス

سیکسوفون

フルート

بانسری

マイクロフォン

مائیکروفون

楽器 - آلات موسیقی

動物園

چڑیا گھر

入口
داخلے کا راستہ
虎
چیتا
おり
پنجرہ
シマウマ
زیبرا
飼料
جانوروں کا چارہ
パンダ
پانڈا

動物

جانور

象

ہاتھی

カンガルー

کینگرو

サイ

گینڈا

ゴリラ

گوریلا

熊

ریچھ

ラクダ

اونٹ

ダチョウ

شُترمُرغ

ライオン

شیر

猿

بندر

フラミンゴ

فلیمنگو

オウム

طوطا

白クマ

قطبی ریچھ

ペンギン

کبوتر

サメ

شارک

クジャク

مور

蛇

سانپ

ワニ

مگرمچھ

飼育係

چڑیا گھر کا محافظ

アザラシ

سیل

ジャガー

امریکی تیندوا

ポニー

ٹٹو

ヒョウ

چیتا

カバ

دریائی گھوڑا

キリン

زرافہ

鷲

عقاب

雄豚

سؤر

魚

مچھلی

亀

کچھوا

セイウチ

سمندری گھوڑا

狐

لومڑی

ガゼル

غزال ہرن

スポーツ

کھیلیں

アメフト
امریکن فٹ بال
サイクリング
سائیکلنگ
ٹینس
バスケットボール
باسکٹ بال
水泳
پیراکی
ボクシング
باکسنگ
アイスホッケー
آئس ہاکی

サッカー

فٹ بال

バドミントン

بیڈمنٹن

陸上競技

اتھلیٹکس

ハンドボール

ہینڈ بال

スキー

اسکیئنگ

ポロ

پولو

活動
سرگرمیاں

笑う
ہنسنا
چھلانگ
抱きしめる
گلے لگانا
歩く
چلنا
歌う
گانا
夢見る
خواب دیکھنا
祈る
دُعا کرنا
キス
چُومنا

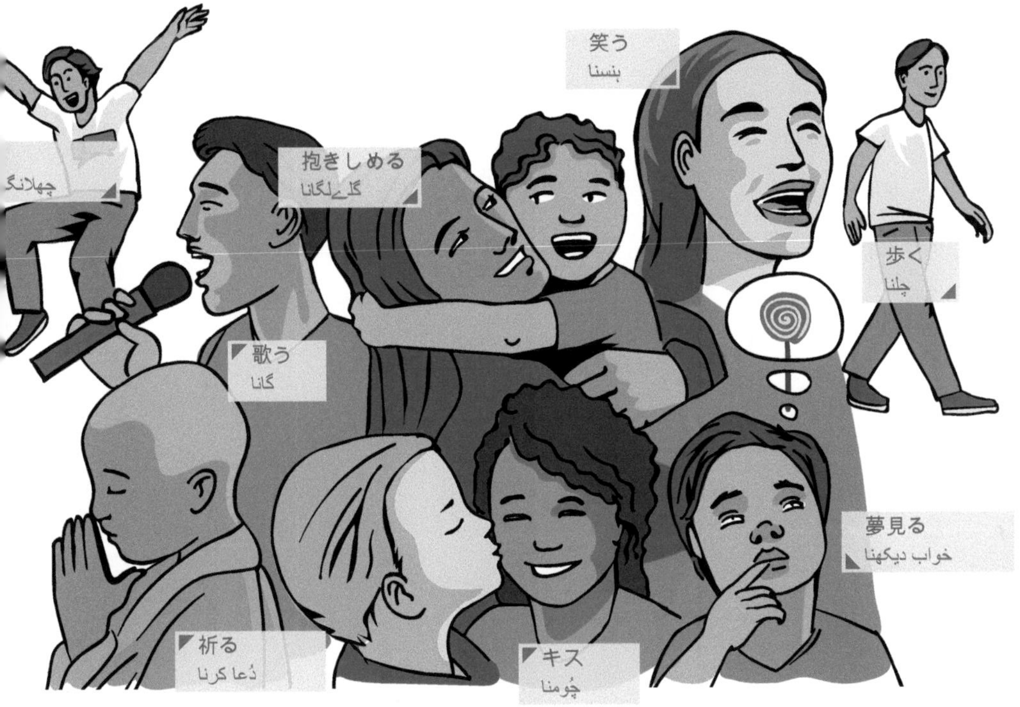

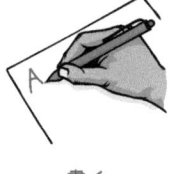

書く

لکھنا

描く

تصویرکشی کرنا

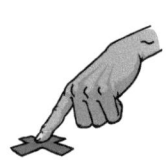

示す

دکھانا

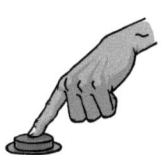

押す

آگے کی طرف دھکیلنا

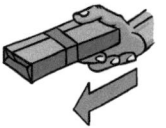

与える

دینا

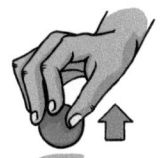

取る

لینا

持っている

رکھنا

する

کرنا

ある

ہونا

立つ

کھڑا ہونا

走る

دوڑنا

引く

کھینچنا

投げる

پھینکنا

落ちる

گرنا

横たわっている

جھوٹ بولنا

待つ

انتظارکرنا

運ぶ

اُٹھانا

座る

بیٹھنا

着る

ملبوس ہونا

眠る

سونا

目が覚める

جاگنا

見る

دیکھنا

泣く

رونا

なでる

چوٹ لگانا

櫛ですく

کنگھی کرنا

話す

بات کرنا

理解する

سمجھنا

質問する

پوچھنا

聞く

مُتوجہ ہونا

飲む

پینا

食べる

کھانا

片づける

صاف کرنا

愛する

پیارکرنا

料理する

پکانا

運転する

گاڑی چلانا

飛ぶ

اُڑنا

ヨットに乗る

بحری سفرکرنا

計算する

شمارکریں

読む

پڑھنا

学ぶ

سیکھنا

働く

کام کرنا

結婚する

شادی کرنا

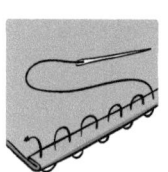

縫う

سینا

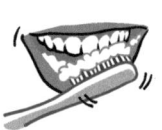

歯を磨く

دانت صاف کرنا

殺す

جان سےماردینا

喫煙する

تمباکونوشی کرنا

送る

بھیجنا

家族
خاندان

祖母
دادی
祖父
دادا
父
باپ
母
ماں
赤ん坊
طفل
娘
بیٹی
息子
بیٹا

お客様

مہمان

おば

چچی

おじ

چچا

兄弟

بھائی

姉妹

بہن

体

جسم

ひたい
ماتھا
目
آنکھ
顔
چہرہ
あご
ٹھوڑی
胸
چھاتی
指
اُنگلی
手
ہاتھ
腕
بازو
肩
کندھا
脚
ٹانگ

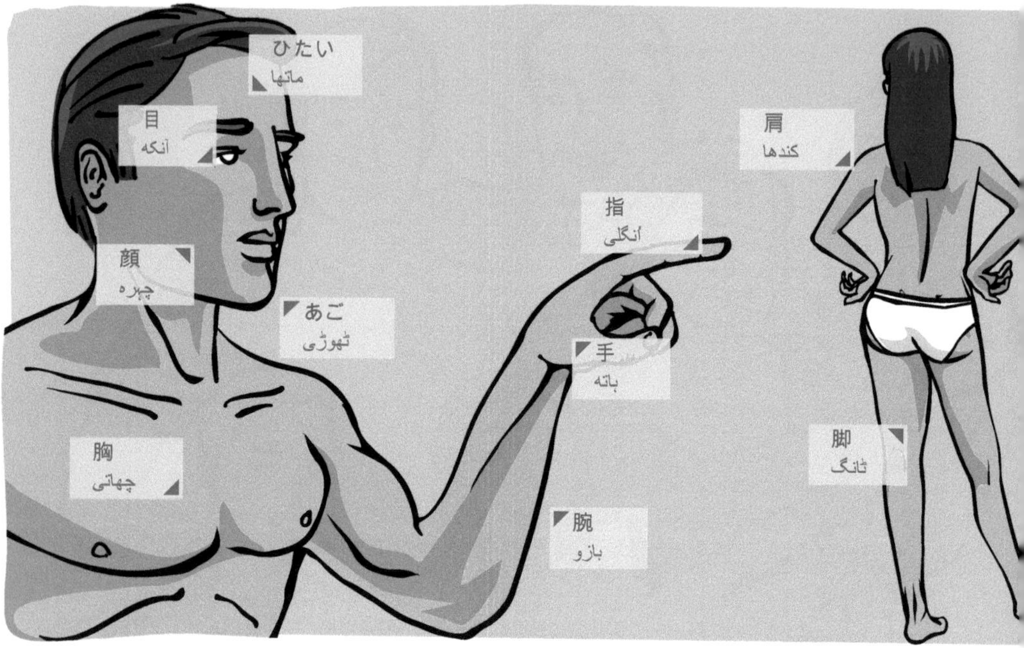

赤ん坊

طفل

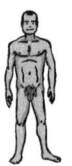

男性

آدمی

女性

عورت

少女

لڑکی

少年

لڑکا

頭

سر

背中

کمر

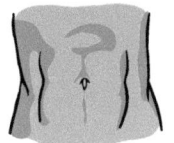

腹

پیٹ

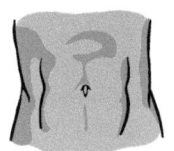

へそ

ناف

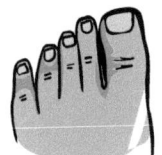

足指

پاؤں کا انگوٹھا

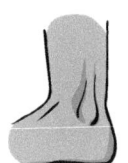

かかと

ایڑھی

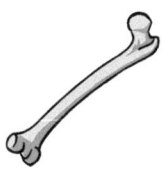

骨

ہڈی

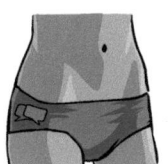

腰

کولہا

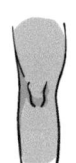

ひざ

گھٹنا

ひじ

کہنی

鼻

ناک

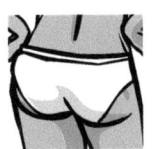

尻

نچلا حصہ

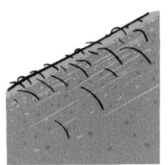

皮膚

جلد

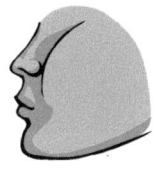

頬

گال

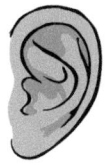

耳

کار

唇

ہونٹ

口
مُنہ

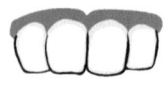

歯
دانت

舌
زُبان

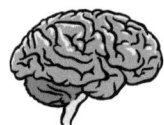

脳
دماغ

心臓
دل

筋肉
پٹھہ

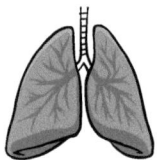

肺
پھیپھڑا

肝臓
جگر

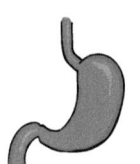

胃
معدہ

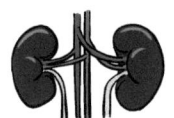

腎臓
گردے

セックス
جنس

コンドーム
کنڈوم

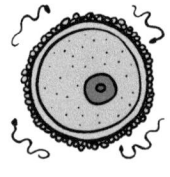

卵細胞
بیضہ

精液
مادہ منویہ

妊娠
حمل

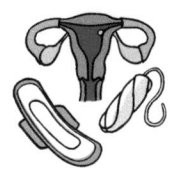

月経

حيض

膣

اندام نهانی

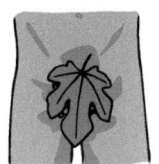

ペニス

عضوتناسل

眉

بھنویں

髪

بال

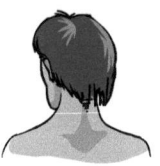

首

گردن

病院

ہسپتال

救急車
ایمبولینس
車椅子
وہیل چیئر
骨折
ہڈی ٹوٹنا

医師

ڈاکٹر

救急治療室

ہنگامی کمرہ

看護師

نرس

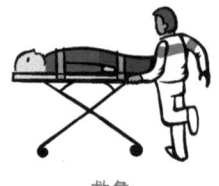

救急

ہنگامی صورتحال

失神

بےہوش

痛み

درد

けが

زخم

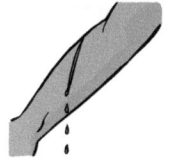

出血

خون بہنا

心臓発作

دل کا دورہ

脳卒中

فالج

アレルギー

الرجی

咳

کھانسی

熱

بخار

インフルエンザ

زکام

下痢

اسہال

頭痛

سردرد

癌

کینسر

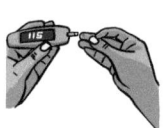

糖尿病

ذیابیطس

外科医

سرجن

外科用メス

نشتر

手術

آپریشن

病院 - ہسپتال

CT

سی ٹی

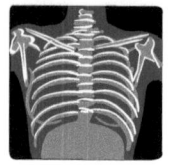

レントゲン

ایکس رے

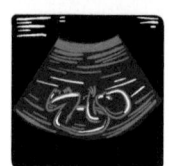

超音波

الٹراساؤنڈ

マスク

چہرے کا نقاب

病気

بیماری

待合室

انتظارگاہ

松葉づえ

بیساکھی

ばんそうこう

پلاسٹر

包帯

پٹی

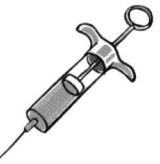

注射

انجکشن

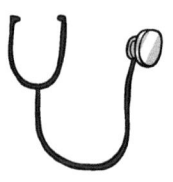

聴診器

اسٹیتھواسکوپ

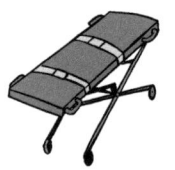

担架

اسٹریچر

体温計

مطبی تھرما میٹر

出産

پیدائش

肥満

حد سےزیادہ وزن

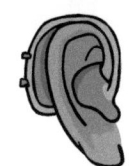

補聴器

آلہ سماعت

消毒剤

جراثیم کش

感染

انفیکشن

ウイルス

وائرس

HIV / エイズ

ایچ آئی وی/ ایڈز

内服薬

دوا

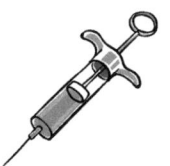

予防接種

ویکسی نیشن

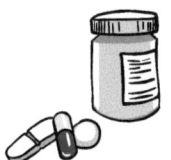

錠剤

گولیاں

ピル

گولی

緊急電話

ہنگامی کال

血圧計

بلڈ پریشرمانیٹر

病気の / 健康な

بیمار/ صحتمند

救急
ہنگامی صورتحال

助けて！

مدد!

アラーム

الارم

暴行

مُجرمانہ حملہ

攻撃

حملہ

危険

خطرہ

非常口

ہنگامی راستہ

火事だ！

آگ!

消火器

آگ بُجھانے والہ آلہ

事故

حادثہ

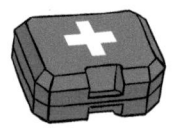

救急箱

ابتدائی طبی امداد کی کٹ

SOS

ایس او ایس

警察

پولیس

地球
زمین

ヨーロッパ

یورپ

北米

شمالی امریکہ

南米

جنوبی امریکہ

アフリカ

افریقہ

アジア

ایشیا

オーストラリア

آسٹریلیا

大西洋

بحراوقیانوس

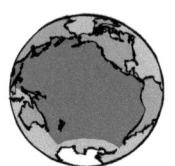

太平洋

بحرالکاہل

インド洋

بحرہند

南極海

بحرقُطب جنوبی

北極海

بحرقُطب شمالی

北極

قُطب شمالی

南極

قُطب جنوبی

南極大陸

انٹارکٹیکا

地球

زمین

陸

زمین

海

سمندر

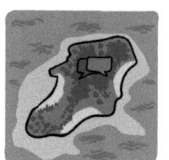

島

جزیرہ

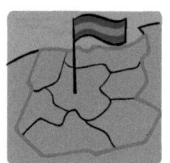

国家

قوم

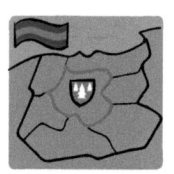

国家

ریاست

地球 - زمین

時計

کلاک

文字盤

کلاک کا سامنےکا حصہ

短針

گھنٹوں والی سوئی

長針

منٹوں والی سوئی

秒針

سیکنڈ ہینڈ

何時ですか？

کیا وقت ہوا ہے؟

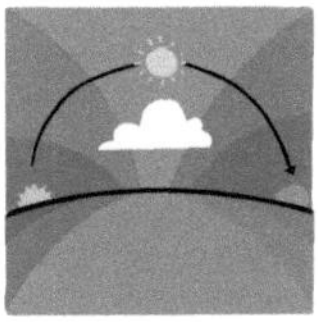

日

دن

時間

وقت

現在

اب

デジタル時計

ڈیجیٹل گھڑی

分

منٹ

時間

گھنٹہ

月曜 سوموار
MO

火曜 منگلوار
TU

水曜 بدھوار
W

木曜 جمعرات
TH

金曜 جمعہ
FR

土曜 ہفتہ
SA

日曜 اتوار
SO

昨日

گزرا کل

今日

آج

明日

کل

朝

صبح

昼

دوپہر

夜

شام

営業日

کاروباری دن

週末

ہفتے کا اختتام

雨
بارش

虹
قوس قزح

雪
برف

風
ہوا

春
بہار

秋
خزاں

夏
موسم گرما

冬
موسم سرما

天気予報

موسمی پیش گوئی

温度計

تھرما میٹر

日差し

دھوپ

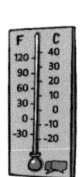

雲

بادل

霧

دُھند

湿度

حبس

雷

بجلی کوندھنا

雷

بادلوں کی گرج

嵐

طوفان

ひょう

ژالہ باری

季節風

مون سون

洪水

سیلاب

氷

برف

1月

جنوری

2月

فروری

3月

مارچ

4月

اپریل

5月

مئی

6月

جون

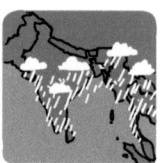

7月

جولائی

8月

اگست

年 - سال

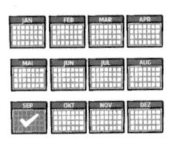

9月

ستمبر

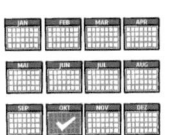

10月

اکتوبر

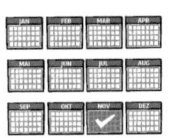

11月

نومبر

12月

دسمبر

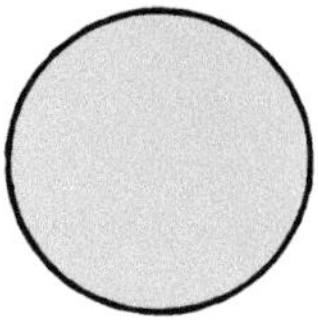

形

اشکال

円

دائرہ

正方形

چوکور

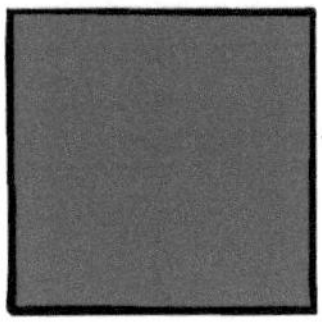

長方形

مُستطیل

三角

تکون

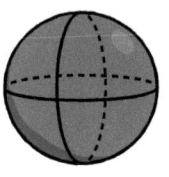

球

کُرہ

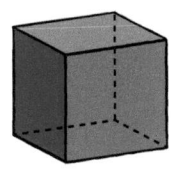

立方体

مکعب

色

رنگ

白

سفید

黄

پیلا

オレンジ

نارنجی

ピンク

گلابی

赤

سُرخ

紫

جامنی

青

نیلا

緑

سبز

茶

بھورا

灰色

مٹیالا

黒

سیاہ

反対

مخالف

多い / 少ない

بہت زیادہ / بہت کم

怒っている / 落ち着いている

ناراض / پرسکون

美しい / 醜い

خوبصورت / بدصورت

初め / 終わり

آغاز / اختتام

大きい / 小さい

بڑا / چھوٹا

明るい / 暗い

روشن / اندھیرا

兄弟 / 姉妹

بھائی / بہن

清潔な / 汚い

صاف / گندا

完全な / 不完全な

مکمل / نامکمل

日中 / 夜

دن / رات

死んだ / 生きている

زندہ / مُردہ

幅広い / 狭い

چوڑا / تنگ

食べられる ／
食べられない
کھانے کے قابل ہونا / کھانے کے قابل نہ
ہونا

悪意のある ／ 親切な
بُرا / اچھا

興奮している ／
退屈している
پُرجوش / بوریت کا شکار

太った ／ 痩せた
موٹا / دُبلا

最初に ／ 最後に
پہلا / آخری

友人 ／ 敵
دوست / دُشمن

いっぱいの ／ 空の
بھرا ہوا / خالی

硬い ／ 柔らかい
سخت / نرم

重い ／ 軽い
بوجھل / ہلکا

空腹 ／ 喉の渇き
بھوک / پیاس

病気の ／ 健康な
بیمار / صحتمند

違法な ／ 合法な
غیرقانونی / قانونی

賢い ／ 愚かな
عقلمند / بیوقوف

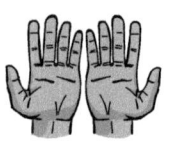

左に ／ 右に
بائیں / دائیں

近い ／ 遠い
نزدیک / دور

新しい / 中古の

نیا / پُرانا

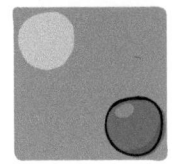

何もない / 何かある

کچھ نہیں / کچھ ہے

老いた / 若い

بوڑھا / نوجوان

オン / オフ

آن / آف

開いている / 閉まっている

کھلا / بند

静かな / うるさい

خاموش / بُلند آواز

裕福な / 貧乏な

امیر / غریب

正しい / 間違っている

ٹھیک / غلط

粗い / なめらか

کھُردرا / ہموار

悲しい / 幸せな

افسردہ / خوش

短い / 長い

مُختصر / طویل

ゆっくり / 速い

آہستہ / تیز

濡れた / 乾いた

گیلا / خُشک

温かい / 冷たい

گرم / ٹھنڈا

戦争 / 平和

جنگ / امن

数

اعداد

0

ゼロ

صفر

1

1

ایک

2

2

دو

3

3

تین

4

4

چار

5

5

پانچ

6

6

چھ

7

7

سات

8

8

آٹھ

9

9

نو

10

10

دس

11

11

گیارہ

12

12

بارہ

13

13

تیرہ

14

14

چودہ

15

15

پندرہ

16

16

سولہ

17

17

سترہ

18

18

اٹھارہ

19

19

اُنیس

20

20

بیس

100

100

سو

1.000

1000

ہزار

1.000.000

100万

دس لاکھ

英語
انگریزی

アメリカ英語
امریکی انگریزی

中国標準語
چینی مینڈارین

ヒンディー語
ہندی

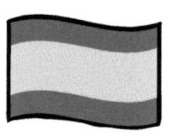

スペイン語
ہسپانوی

フランス語
فرانسیسی

アラビア語
عربی

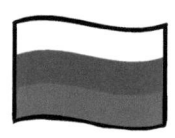

ロシア語
روسی

ポルトガル語
پُرتگالی

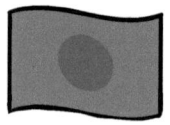

ベンガル語
بنگالی

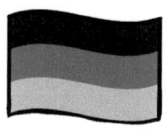

ドイツ語
جرمن

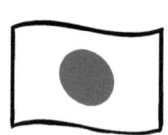

日本語
جاپانی

誰 / 何 / どう

کون / کیا / کیسے

私

میں

あなた

تم

彼 / 彼女 / それ

وہ (لڑکا) / وہ (لڑکی) / یہ

私たち

ہم

あなたたち

تم

彼ら

وہ

誰？

کون؟

何？

کیا؟

どうやって？

کیسے؟

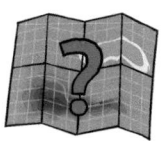

どこ？

کہاں؟

いつ？

کب؟

名前

نام

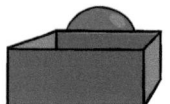

どこ

کہاں

後ろ

پیچھے

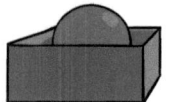

中

میں

前

کےسامنے

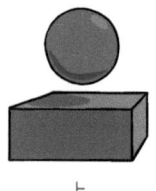

上

اوپر

上

پر

下

نیچے

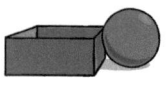

横

ساته

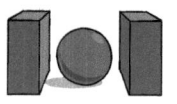

間

درمیان

場所

جگہ